오목눈이집증후군

형상시인선 19
오목눈이집증후군

박윤배 시집

북랜드

自序

　사는 일은 뜻하지 않게, 우연 혹은 필연적으로 의미가 되는 사건들이 찾아와 너와 나 혹은 우리라는 관계가 생겨난다. 뜻하지 않은 결별도 겪는다. 그런 틈바구니에서 생겨나는 갈등들은, 나를 성숙하게 만드는 데 부족함이 없다.

　지나고 보면 고스란히 남는 것은 따듯한 기억이며 사랑이다.

－ 2018년 봄의 끝자락 가창에서

차례

- 自序

1

12 · 관계
13 · 야 이 새끼야
14 · 반딧불이
15 · 각시붓꽃의 자리
16 · 아름다운 거짓말
17 · 적요 1
18 · 오목눈이집증후군
20 · 두루미 사진작가
21 · 저녁의 혼밥
22 · 밤, 다알리아와 놀다
24 · 물꽃 · 1
25 · 물꽃 · 2
26 · 물꽃 · 3
27 · 시인
28 · 낯선 고독의 한 장면

2

32 · 달요리
33 · 그리운 막창
34 · 군락
36 · 나팔꽃, 구름변기에 오르다
38 · 흘러가다 보면 길이 있겠지
40 · 어흥
42 · 칠성남로
44 · 새의 지붕에 시의 깃발을 걸다
46 · 착지
47 · 가을화해
48 · 여름윤회
49 · 화가의 연애시
50 · 그해 가장 추운 날
52 · 수상한 나무
54 · 홍시 날벌레
56 · 삼세번
57 · 마감

3

60 · 여섯 번째 알약
61 · 꽃의 진화
62 · 개나리 연애
63 · 앵속
64 · 어처구니
66 · 눈먼 사랑
68 · 포옹
69 · 꽃치마 감옥
70 · 둥근 경계
71 · 묵언수행
72 · 봄의 꼬리
73 · 분홍침묵
74 · 궁금한
75 · 여름사랑
76 · 탓에
77 · 풍선나무
78 · 둥근 고요
79 · 금산사 산사나무

4

82 · 바람의 붓질
83 · 손꽃
84 · 눈사람
86 · 분주원 간다
88 · 고독한
89 · 시비
90 · 소행성 B612 그 이후
92 · 시가를 피우는 시간
94 · 수상가옥을 허물다
96 · 여름감기
97 · 동행
98 · 진달래
99 · 풍장
100 · 전도
101 · 가창 아이러니

□ 해설 | 이태수
104 · 서정적 심상의 전이와 확산

1

관계

간밤 바람 엄청 불었고
아침 테라스 간이의자들

저희끼리
한곳에 몰려
서로가 서로를 붙잡아주는 모습

개중 그대와 나는
테이블과 의자의 관계로
바람 부는 밤을 건넜다는 사실

놀랍지도 않은
본래인 것 같은
운명 같은

야 이 새끼야

중증 소아마비로 걸음 불안한 아버지와
얼굴 꼭 빼닮은 다섯 살 아들이
냉천 둑에서 놀고 있다

카메라를 든 아버지는 연신 아들에게 둑 가까이는 못 가게 한다
너 거기서 떨어지면 아무도 구해줄 수 없다고
가지 말라고 가지 말라고 타이른다

가지 마 가지 마 타일러도 다리 성한 아이는 천방지축
드디어 다급해진 아버지는 가지 마 새끼야
들은 체 만 체 아이는 흐르는 물을 향해 돌멩이를 던진다

이를 물끄러미 바라보던 백로 한 마리
무료한 물살인 냥 나를 박차더니
두 다리 접고 가볍게 날개를 펴서
지긋이 수평을 긋고 날아간다

반딧불이

둘이 오래 앓으며
함께 살다 하늘로 간 사람과
땅으로 간 사람이
서로 만날 수 없어
그리워하다
눈빛 부딪친 곳에서 난다, 반딧불이
머리통으로
이슬 끈적이는 풀숲을 헤집지만
어둠에게도
소실점을 일러주어야 할
불빛이 필요했으므로
달아나듯 떠나는 몸짓
공기를 헤집고
공기 속으로 가서
후미등을 켠 채
너울너울 사라지는
슬픈 사랑아

각시붓꽃의 자리

모서리를 휴게소라 부른다

유리에 이마 찧던 날벌레는
한꺼번에 각진 창 아래 모여서 등 포개고 죽더라

누구도 드나들지 않은 수직바위 아래 가랑잎 무덤은
네가 오르가즘을 만졌을 비탈의 속
붉고 따듯하게 데우더라

바람, 그 헐거운 빗자루가 한 번은 다녀갔다는 기억으로
추위도 견딘다는 당신,
어제의 사랑이 오늘을 꽃 피우더라

바짓가랑이로 바닥을 쓸다
 봄날 각시붓꽃 앉았던 자리에 그리운 화사花蛇 되어 돌아와
 말린다, 핏기 잃은 혀와 늙은 몸의 반점들

아름다운 거짓말

너의 연못엔 금붕어가 살지 않아
그냥 색칠한 붕어만 헤엄칠 뿐이지
배가 부르면 죽는 거야
배가 너무 고파도 죽는 거야

아 살살 좋아 미치겠어, 더 세게
도대체 어느 장단에 맞추라는 건지
그러니까 연못은 본래 없었던 거고
금붕어도 없었던 것인데
고양이가 잡아먹었다고 말하는 것이지
알밴 금붕어가 배 터져 죽고
수놈들만 살아 헤엄치는 연못은 쓸쓸함의 바닥
더럽고 치사한 꼴을 보기 싫으면
떠나거나 연못을 메워야 하지
너는 나로부터 자유로워져야 하고
나는 눈곱만큼도 그리워하지 않을 거니까

안녕 잘 가, 라는 인사는
되도록 해맑게 웃으며 해야겠지

적요 1

근래 내가
가장 슬펐던 일은
슬퍼도 꿈쩍 않는 슬픔을
들여다본 일
애인의 물기 마른 음모였던 것
보이지 않는 몇 개의
본 적 없던 몇 개의
퍼석함을 뽑아낸다 해도 그 자리 솟구칠
파르테논 신전
대리석 기둥 같은

오늘 같은
흰털

오목눈이집증후군

날이 가물자, 지붕 배수구 물받이에 새가 짓는 집
여기저기 지푸라기 물어다가 울긋불긋
꽃 울타리도 만든다

폭우라도 내리면 저 집을 어쩌나!

그러나 사는 동안 구렁이 혓바닥 같은 비는 오지 않았고
부화 된 새끼들은 날개 자라 훌훌 떠났다

빈집, 부서질 햇살만 껴안았다

혼자 남아 치밀어 올리는 울화통에
수시로 처마 끝에 나와 앉은 새
기른 정 꾹꾹 눌러 참으며 먼 하늘을 본다
그래도 참아준 비와 한동안 살 곳을 빌려준
배수구가 고맙다

이제야 막힘의 안쪽이 시원하게 씻기도록
집을 버린 오목눈이 오목한 눈

\>
내가 너의 눈을 닮아가니
너도 내 눈을 닮아갔다

두루미 사진작가

흰 물기둥 두루미 사진작가가
물살 위 외발의 균형을 잡아 본다
물고기가 발가락 간질여도
떠내려온 꽃잎에게는
눈길 한 번 주지 않는 그대
이미 마음은 허공에 두었으므로
바람에 절명한 이파리와
몸 안의 길을 구부리는 송사리 지느러미도
눈이라는 그득한 물그릇에 담아두었다
그의 깊은 눈은 깊어서 순응에 닿았다 하나
미동도 없다가 저녁이면 허물
몸은 단지 그런 물기둥임을 안다
미진하게 마감한 어제와
오늘이 왠지 발아래 쓸쓸해도
서 있던 자리 혼자 남긴 고민은
물살이 씻겨준다는 것도
그는 이미 알고 있다

저녁의 혼밥

구멍이 구멍 난 상에 둘러앉아
구멍밥을 먹는다

엄마 할머니 딸의 딸이 지은
구멍밥을 먹는다

먹어도 깊어지지 않는 그릇은
구멍을 다 보여주지 않고
배부르면 구멍들은
각자의 구멍 속으로 말없이
자러 간다

구멍만 남아 구멍을 생각하며
훌쩍훌쩍 울다가

펑펑 운다, 눈구멍 헐겁도록

밤, 다알리아와 놀다

곰팡내 나는 골방에서 잠 좀 자려고
이리저리 뒤집어 몸 굴리는데
이 벽은 가래 끓는 소리다
저 벽은 뼈마디 앓는 소리다

도대체 잠을 잘 수가 있어야지
툴툴 돌멩이 같은 어둠이나 걷어차 볼까
대문 열고 골목으로 나왔더니
벽인지 담인지, 여기가 칠성남로다

지붕 낮은 집 울타리에 기대어 손톱 드러낸 다알리아
한 시절을 어떻게 건너왔는지
묻고 싶진 않았으나, 너는 허공을 긁고 있다

물을 주던 노파도 잠자러 간 시간
살아온 세월 동안 그녀 몸이 밖으로 흘려보낸
그렇다면 여기가 손톱과 발톱들의 퇴적장?
허공을 긁어 바닥을 아물리려는 몸짓에도
골목이 피운 꽃은 엄연한 질서였다

\>
내민 부리와 발가락의 뼈로 보아
지구상에서 눈멀어 사라진 지 오래된
맹금류들을 누가 여기에 데려다놓은 것이냐
먼저 자려고 몸 뒤척이던 내게서
늙어 끙끙 앓는 소리들을 깨운다

잠 좀 자자 잠 좀 자, 내는 역정에
혼자 쑥스럽고 무안하도록
다알리아 당신의 따듯한 손톱은
하수구 냄새 물씬한 골목
마른 달빛 혈관 위를 스멀스멀 지나간다

물꽃 · 1

돌멩이 던지던 손이
꽃을 던진다

흐르는 물이거나 고인 물에게
던진 꽃은, 잠시의 아픔
나비와 새와 구름이 밟고 건너가고
소를 모는 사람이 또 건너간다

다 건네주고 나면
다리마저 건너간다

물꽃 · 2

꺾어 던지는 들꽃에
물에 살던 물고기가 분별을 잃는다

뭍으로 올랐다가 온 천지 비린내에
풍경 좋은 절집 처마 아래
풍경으로 걸리기도 하였다

풍덩 뛰어들어
평생을 너에게 젖어 살아간다 해도
함께여서 서럽지 않은

흔들림으로 남아서 좋았다

물꽃·3

나 그렇게 던져졌으니
하염없다, 그대가 꺾어 던지는 꽃

위무에 닿은 물고기의 입술이
이유 없이 받아들인 간지러움도

핀다, 뻐끔뻐끔 거품으로

시인

피는
흰 철쭉에서
떼 지어 몰려온다
발굽소리 어지러운 군마들

밤은 다시 잠잠해지고
허기진 입안에
숨죽인 채 밀어 넣은
언어의 밥알

집은 불타고
꾸역꾸역 사는 일은 모멸이어서
수치를 씹고 또 씹어
흰 꽃을 피우는 자者

그게 나다

낯선 고독의 한 장면

침대 머리맡 사각 통 안의 휴지가 뽑혀나가며
비명을 지른다고 해도
통은 애써 붙잡으려 들지 않죠

화끈하게 시큼하게 건너뛰다가 달콤 혹은 몰캉하게 주
저앉는 게
　저들의 사랑방식이라 해 두죠

살구나무에서 날아간 새와 꽃을 떠나 보내본 기억을
가진
　살구나무는 그립다 말하지 않죠

씩씩 숨을 몰아쉴 때까지 배불리 내가 당신을 파먹어도
　당신은 아직 내가 양손에 쥔 살구
　컴컴한 어둠 속에서 또 누군가가 당신을 번갈아 파먹
으려고
　살금살금 달려올 테니

\>
허공에 사각의 집을 둔 당신을 무슨 수로 가둘까요

뽑혀진들 그 자리에 서서 분홍꽃이 흘리는 눈물은
살구가 가렵던 자리를, 머물던 새가 흔든 자리를
살 냄새 불러온 흰 바람이 닦아줄 뿐이죠

2

달요리

울퉁불퉁 양은냄비로 앉아서
저녁 라면을 한가위에 끓인다

단무지 없어도 간이 맞다

방긋거리던 사람은 연락을 끊었는데
지난날 잘못 산 나이기에
이런 기다림도 내 잘못일 것

라면은 꼬불꼬불해서 참 막연한 맛
입가심은 그래도 상큼하라고
그래도 페퍼민트 차를 마신다

칼이 밀었던 달에게 썰려서
달이 무릎 꿇는 날까지 기억될
쉰여섯 살 한가위 식탁이다

그리운 막창

하늘아파트 입구 동봉구이집에서였다. 고향이 어디냐고 서로 물어가며 노릇하게 구워진 막창을 먹었다. 질겅질겅 맛있어 보이게 먹었다. 여자들 틈에 끼여 엊그제 임시치아로 끼워 넣은 어금니 들키지 않게 꼭꼭 씹다가 꿀꺽 삼켰다.

역시 삼키는 맛이야! 막창에게 말하는데, 내가 막창에게 먹힌 것은 아닌지. 아리송해 휴대폰 어학사전 뒤졌다. 몸을 함부로 파는 여자가 막창? 아니야, 그럴 리 없는데, 나의 내장에 밀어 넣은 게, 짐승의 내장 어디 아닌가? 뒤적이다가 불판 위의 막창도 나의 고향도 화덕 그녀의 불길에 까맣게 타버렸다.

눈이 매웠다. 먹은 막창도, 먹힌 막창도, 그리운 어머니도 동봉된 연기로 하늘을 오르고

군락群落

버스 정류장 뒤편 서 있는 해바라기는
바라보기에 지친 아픈 연인의 눈
서로 입 맞추기에 알맞은 키다
밤이면 기침으로 긁어대던 창가
눈 검게 깊어가는 결핵의 삼촌
맨 뒷줄 낡은 가족사진 속에 있었더니
가족 중 누구보다 키가 커서
일찍 정원에서 지워진 걸까
깡마른 기억 속 둥근 얼굴이다
어른어른 햇살의 그림자를 물고
개 한 마리 이리저리 흔들다 제풀에 지쳐
놓아버린 자리에 우뚝 선 꽃
오지 않는 버스를 기다리는 눈길
하나둘 모여드는 유성아파트 정류장
기다림을 알고 있는 듯, 모여 섰다
버스를 기다리는 사람들 표정과
해바라기는 닮아있어
아침엔 발 동동 구르더니
점심에는 어깨까지 나른한 표정이다
나풀거리는 노란 꽃잎을 다 지우고야

깊어지는 저 눈 속에서
고독했을 한 사람의 눈빛을 닮은
검은 윤기의 그리움들 여물고 있다

나팔꽃, 구름변기에 오르다

유리창 넓은 화장실에서 놀고 지내는 화분에다
슬며시 나팔꽃 씨를 놓아두었다, 일주일이 조마조마했다
두 개의 떡잎이 흙을 벌렸다
일주일 더 지나니, 두 떡잎 틈을 초록 줄기가
다시 벌리는 거였다

한발 한발 난간을 향해 걸어가는 사람의 심정을
한 번도 생각해본 적 없던 나는 퍼렇게 솟구치던 시름이
심호흡을 어떻게 터트리는지 보고 싶었다

해를 향해 몸 기울이던 우리
구름의 변기가 그리웠던 만큼 배설에 급급했음을
알았다, 불온한 발작을 다 받아 삼켜서
삼킬 만큼 삼킨 물 아랫구멍으로 흘려보내는
수상가옥의 나팔꽃은 완전한 낱말이 되었다

아침의 미소가 팽팽하게 걸릴 때
슬그머니 꽃씨 놓아두길 참 잘했다고 이쯤에서
어깨춤 덩달아 일으키는
설득과 위로의 문장 하나 가지지 못한 내가

슬퍼졌다, 나팔모양 확성기 움켜쥔 듯 난간을 한참 살폈다

그래, 그래 참 잘한 거야. 어쩔 수 없었잖아!
토닥토닥 엉덩짝에 찍어주는

저 꽃잎도장의 힘

흘러가다 보면 길이 있겠지

붉은 속곳 노을이 펄럭이며 지나간 골짜기로
익숙한 길이 생겨났다

환한 생의 후반부가 여기 있을까, 홀린 듯 흘러들었다

겨우내 속눈썹 말라있던 잡목의 산 능선에게
누군가 먼저 잉어등이라 이름 붙여주었다

사실은 흘러가기를 잠시 멈추었다
능선의 비늘 초록산란을 돕는 비가 가창을 지나가서
바람의 생식기는 단단해졌다는 것이지

부스스 일어나다가 넘어져 다친 상처
가려운 곳에서 운무는 연고처럼 피고, 몸 안에 박혀 곪은 가시들
수천의 뾰족함들 내려놓을 곳이 여기임을
나는 직감으로 알았던 거다

흘러와서 흘러가려고 흘러든 것이니
절룩거리는 도시로 다시 흘러들겠다고

신천의 상류에서 물은 바짓단 걷어 올린다

오랫동안 허공을 흐르고 흘러본 절대 고수 두루미를 만나서
흐르는 물살을 눈감고도 내려다보는 경지

오지 않을 내 어제의 길도 내일로 흐르고 흘러가느라
나이테 하나 줄어드는 줄도 모르는 물속의 돌
닳아서 맑아지는 그 익숙한 수행의 몸이
물끄러미 닿아야 할 다음의 행성인 듯

흘러가다 보면 길이 있겠지, 가뭇한 눈길로 바라본다

어흥

청산도 범바위 앞에 앉아 오십 줄 호랑이가 다시 듣는다
눈앞에 되돌아온 커다란 그 옛날 바위의 표호

나보다 나약한 것들을 얕보고 살다가 돌아와 까마득한 기억을 되밟으니
이번에는 단걸음에 완도를 밟고
어디로 뛰어야 할지, 그게 걱정이다

어제가 오늘인 듯 어흥! 지르는 소리
되돌아온 범바위 우렁찬 일갈에 귀가 번쩍, 살다 흐려진 털빛 임인생
무딘 발톱도 무거워진 꼬리도 힘찬 포말처럼 일으켜 세운다

네 놀던 곳은 본시 장백의 일대
만주벌 건너고 바이칼호수 자작나무숲에 가서
야성을 키우고 다시 오라는 청산도 범바위 말을 귀담아 듣는다

>
　이번에 건너뛰어 대륙으로 가더라도 초식에 길든 여린
짐승들
　나 어슬렁거리며 지날 적에 주저앉아 오줌 질기는
　그런 나약함들은 그냥 살게 놔두고
　피 끓어 날뛰는 제 잘난 것들의 목덜미
　단숨에 물어뜯고 오라는

칠성남로
- 호박으로 살기

담장을 넘은 노란 꽃에 눈이 찔렸다면
무상연탄 나눠주러 온 배부른 당신
재개발 소문 숭숭한 칠성남로에 온 것이다
서리를 피해 얼른 자신의 방에 들고 싶은 호박
제 스스로 꼭지를 자른 호박은 없었다
천 개의 눈을 엉덩이 속에 감춘 여자는
윗목의 요강에서 요란하지 않은 오줌을 눈다
곰팡이가 장판지 들고일어나는 방구석에서
신춧단지가 되어버린 호박을 안고
칠성전에 오늘 하루 무탈하길 빌며 산다
늙은 호박이길 바라지 않는 호박의 허공에서
허공을 버리고 가랑이 아래로 기어도 보는
이런 재미를 나는 녹색 철대문 닫아걸고 누리지
미로 같은 골목을 아침저녁 지나다니며
문 밀고 들어서는 마당의 오른쪽엔 호박
왼쪽은 해바라기 심어 담장 밖을 살피게 하지
이만하면 멋진 비밀별장을 가진 것이지
오래 기어온 넝쿨이 허기진 얼굴로
간장에 수육 찍듯이

금붕어 다섯 꼬리 흔드는 연못도 파 두었으니
그대여 잠시 갈증 난 혀를 들이밀어도 좋겠다

조만간 철거될 지 모르는 생을 나는
칠성 아래 월세 십오만 원의 넝쿨로
포승줄인 듯 감아 붙들어둔 것이다

새의 지붕에 시의 깃발을 걸다

초여름 햇살이 가장 눈부신 시간에
공중을 흔들다 낡아진 깃발, 새는 날아왔다

잉어등을 넘어서 미끄러지는 하강의 기류
내가 머무는 2층 카페 강화 유리창을
새는 둥근 이마로 사정없이 박는다

까치가 이마로 쳤다는 종소리 꾸며낸 전설이 아닐 수
도 있겠다는…,
  감전된 듯 놀라 문을 열고 내다보니
  어질어질 몸 일으켜 세우려는 새다

저 솟구친 혹뿔에 약 발라줄까, 손을 뻗자
새는 푸드덕 가창한우식당 지붕으로 날아간다

그리곤 지붕에 누워 꿈쩍도 않는다

하루가 지나고 이틀이 지나고 지독한 땡볕
살가죽 안에서 끓던 구더기 폭발하듯 파리 떼 솟구쳤다
꽃잎 같은 깃털은 하나둘 바람이 데려갔고

지붕엔 손바닥만 한 얼룩이 남았다

며칠 뒤 비가 왔다, 지붕은 다시 깨끗해졌다

북쪽 하늘에 흔들어 줄 흰 저고리는
아직 몸에서 헐거워지지 않았는데
새는 사람이 가축의 살점을 뜯는 지붕에 올라서
온몸으로 초혼가를 부르고는 떠났다

새의 장례를 거든 것은 햇살과 바람과 비였고
까마득히 높은 어디쯤 있을 새의 지붕에
돌아오라고 울부짖는 세 번의 곡성에 불과한 내 시는
당신의 기억 속 얼마나 오래
깃발로 남아 펄럭일까

착지

가갸날 전날이었지 아마
추적추적 비를 밟고 산문에 들었다

눈 부릅뜬 사천왕상들 만나기도 전
마음은 아직 청년인 천년 은행나무가
한 방 먹이는 금빛 꾸지람
뭣 하러 너 여기 왔냐, 한다

하필 내가 선 곳은
적천사 은행나무 그늘의 중심
풀밭에선 떨어진 말들이 저리도 멀쩡한데
떨어짐과 받아줌이 지나친 자리
익은 살 냄새 물씬하다

바위인 내게 부딪혀
너의 말들은 말랑한 과육을 잃었으니
너의 착지를 받아낸 게 잘못인 거지

속으로 앓는 내 감기는
한 겹 더 뜨거워졌다

가을화해和解

가을볕에 오래 나와 앉은
바위를 보는데요
글쎄, 알을 낳고 새끼를 키워 날려 보내다가
하반신이 지워진 새와
화병에 갇혀 저절로 말라버린 몇 송이 꽃을
바위는 한꺼번에 품어주고 있지 뭐예요
똬리 튼 채 갈 곳 몰라 두리번거리는
나는 도시의 능사였거든요
입 다물고 그만 들어오라고
끄덕이는 바위의 고갯짓에
미끄러지듯 스르르
따뜻한 당신 품속으로 기어드니
먼저 와 있던 꽃도 새도 기다렸다는 듯이
잘 왔다고 쓰다듬데요
민망한 목덜미를

여름윤회

배고픈 바위에 올라탄
다람쥐꼬리는 구름이다
녹아내리는 오동나무아이스크림 뒤 켠
여름은 왔다가
땀내 밴 손수건 한 장 달랑 남겨놓고
떠났다, 다람쥐 발에 눌려있던 이끼가
부스스 눈꺼풀 들어 올려
파먹은 구름의 눈에서
주르르 쏟아져 내리는 비
처음에는 꼬리가 젖다가
온몸 다 젖어버린 다람쥐는
결국 다람쥐가 아니다

바위인 너는 모르게
그냥 왔다 간 사랑이다

화가의 연애시

나무가 휘도록 바람 불었다

멀리 달아난 사랑아
돌아오라고
화가는 끊임없이 노랑의 언어를
가을 내내 편지로 날려보냈다

뭉클한 가슴은 휘어진 나무가
눈보라의 겨울 견딜
오기의 수액을 뿌리에 장전한다

초록갑옷 뚫어낼
화살촉 닮은 꽃은 언제나
바람 오는 쪽부터 귀가 찢긴다

그해 가장 추운 날

허기진 배를 숭숭하게 부풀리라고
소래포구가 술빵 사진을 보내왔다

한때 내게 희망이던 내 스무 살의 기억 반죽은
(백반 500원 잔치국수 300원,
산처럼 썰려진 술빵 한쪽 50원)
내가 하루 동안 쓸 수 있는 돈은 1000원

문우들에게 막걸리 한 통 사는 날이면
귀갓길 아이들에게 당당한 가장이고 싶어
새우깡 한 봉지 살 돈 남겨야 했으므로
두어 쪽 술빵이 한 끼 점심이 되기도 했지

날아드는 최루가스 속에서 돌 던질 힘 없어
움켜쥐고 숨던, 내던지지 못한 부끄러움이더니
아직도 내게 술빵은 희망타령이다

썰려지기 전 본래는 달 이던 술빵
나이 오십 줄에 들어 안 일이지만
만월이던 술빵, 눈감아도 술술 익는 술빵

\>
추위 속 소래포구는 알전구 아래서
희망 잃고 악력 풀린 늙어버린 손 앞에
한 번 더 뜨겁다

수상한 나무

한 몸인 어머니에게서 나온 두 형제가 어느 날
둘 다 승려로 열반에 들어
아우는 땅을 굽어보고, 형은 하늘을 살피려
한 그루 소나무로 환생했다는
문인수 시인의 말

설득력이 있는 듯, 모여든 사람들 귀 기울인다

고개 끄덕이는 봄날 환하던 주변의 꽃잎들
근력을 잃고 땅 위를 뒹굴어
이게 끝인가 싶어 작은 연못 얼굴 비춰보다가
슬쩍 의문이 고개를 들어, 정말일까? 싶어
나도 기왕이면 소나무에게 직접 물어봐야겠다는
문득 머리를 스치는 수상한 생각

한 몸을 두개로 갈라
한 가지는 땅 가까이 무릎으로 펼치고
한 가지는 허리 꼿꼿이 세운 이유가 뭐냐고
물어도 보지만 넌 묵묵부답이다

\>
넌 아직 멀었다는 뜻인가

가끔 답하고 싶지 않은 물음에 묵묵해지듯
머리 깎고 눌러앉아 스스로를 던져야
바른 답이 얻어진다는 논리인가

일찍 꽃잎 지운 능수벚나무 매달린 열매들
작은 바람에도 고개 끄덕이는
그런대로 설득력 있는 정오다

홍시 날벌레

날마다 조금씩 밀리는 학습지 붙들고 앉은
막둥이 아들 녀석은 연신 놀아볼 핑곗거리를 찾는다

일찍 집에 든 나를 감시원으로 붙여두고 아내는 잠시
외출 중

홍시라도 먹으면 문제를 풀겠단 말에
마트에 가서 홍시를 정성스레 골라서
살포시 집에 오는 동안 비닐봉투 안에 숨어
현관 넘어온 날벌레들 뽀얀 감의 살갗
눌린 활자들처럼 내려앉았다

흐르는 물에 행군 감을 아들 녀석에게 건네주고
화장실 문을 열자 언제 스며들었는지
따라온 날벌레들 물기의 타일 바닥에 달라붙어
작은 날개 털며 날아오르려는 파닥임이다

어떤 녀석은 기어서라도 도주하기에 분주하다

성큼 한걸음 내디딜 때 이미 날개 젖은 벌레는

얼마나 많은 보폭 움직여서 달아나는지
아하! 어깨가 무거운 이 나이와
점점 짧아지는 오줌발과 변기의 거리를 느끼는
내 조급함에, 아이는 하루는 얼마나 힘들지

몸집 작은 혹은 짧은 수명 날벌레를 위해
아직 씻어내지 않은 홍시 하나
슬며시 화장실 모서리에 놓아둔다

생각 중이던 화장실에서 나오자
숙제는 남겨둔 채 어느새 빨간 볼의 아이는
말랑하게 잠들어 있다

삼세번

세 그루
나무가 있는 숲이니

세 번의 사랑을
해야 한다고 우겨볼까

거의 가려진 하늘이어서
조금만 부끄러운
세 그루 나무 아래

세 번의 사랑을
가위 바위 보로
끝끝내 우겨볼까

마감

풀들, 잿빛으로 돌아가는
땅 위로
눈이 되지 못한 겨울비 내린다
국숫집 처마 아래 서서
마감해야 할 사랑에 뻑뻑 담배 피워물지만
옛날식 칼국수가 맛있다고
어서 들어오라고
허연 머리칼 할매는 눈짓한다
우산도 없이 걸어온 생이었으니
푹푹 삭을 일만 남았다고
풀들은 납작 엎드린다
겨울비는 내리는 게 아니라
어디론가 떠나고 있는 것
엄지와 검지에 걸렸다가
컴컴한 하수구 입안 목구멍에
밀밭고랑 주르르
흘러들고 있다

3

여섯 번째 알약

그림자는 나무를 찌른다

시도 때도 없이 낮이 이어지는 동안에
나무는 그림자 때문에 아프다

찔리고 찔리면서 자꾸 자라는 나무는
그림자를 품어줄 밤이 그립다

꺼내놓은 슬픔을 안으로 밀어 넣고
더듬더듬 손 뻗어
찔린 상처에 연고를 바른 후
덧날까 봐! 삼킨다

한 번 더 알약

꽃의 진화進化

목이 가는 꽃일수록
눈으로 보는 것이 아니다
달팽이관이 불안정해진 남자에게
흔들림은 독毒
귀로, 혀로 아는 것이다
목이 가냘프다 해서
심성까지 여릴 거라는
남자의 생각은 오판이다
오히려 목이 가느다란 꽃이
바람을 흔든다는 것을
진화를 멈춘 남자는 모른다

꽃은, 오욕의 세월을 지나
너무 빨리
흔들림에 익숙해졌다

개나리 연애戀愛

울타리로 서서
삭아가는 줄 알았던 나뭇가지에서
난데없이 노랗게 피어난 꽃을
처녀라 부르면 안 될 이유 있나

눈물이 젖무덤 아래를 다 적셔
얼굴이 달아오르자 깃든, 노랑머리 물들인 새들
뜨겁게 사랑 못 할 이유 있나

생각의 꽁지깃을 연초록이 건드리는데
하염없이 흔들리지 못할 이유 있나

엉겁결인 듯, 오늘이 떠난다고
아쉬워할 이유 있나

앵속罌粟

가늘고 긴 초록의 허벅지
잔털 층계를 밟아 오른 새의 꽁지는
어느새 초록이다

보드랍게 벌린 꽃잎
당唐 현종의 여자도 저리 붉었으므로
밤낮 위로가 되었을 것이다

단단히 아물어진 뒤
경계해야 할 좁쌀 가두어 오목한
솥의 안쪽은
함부로 벌리지 말았어야 했다

겨드랑이 따습다는 이유로
꽃을 흔드는 저 새, 뜬금없다

아니, 아니 꽃에게
먼저 흔들리라 하는 건
무모하다

어처구니

화가畵家 이영철의 그림 <신혼일기>

아무리 살펴보아도
목이 길고 좁은 백자호리병 안
회색의 침대 위에서
남자 앞의 여자는 달아나기 바쁘다

병 안에서 자란 나무의 가지 끝에는
만개한 노랑 꽃 한 송이
아직 피울 봉오리는 여섯이다

궁금한 건 여전히 흰 병
그리고 신혼에 달아나는 여자라니!

남자가 그녀 순결을 확인하려 해서
태어나 일곱 번 눈길 준 게 들킬까
여자는 줄행랑치는 것 아닐지

그게 죄라면 죄인 줄 아는 여자
눈길 준 일 들킬까

숙맥의 여자 줄행랑치는 것 아닐지

아직 피울 꽃 여섯이나 남았는데

눈먼 사랑

꺾은 꽃을
등 뒤에 감춘 남자가
달 아래서 기다리는 여자는
보이지 않는 눈을 가진
착한 여자일 것

달 뜬 하늘을 보랏빛이라 해도
지상의 풀밭이 옥빛이라 해도
다 믿어주는 바보 같은
바보가 되어버린
그런 여자일 것

당신, 그리 눈먼 적 있었나?

꽃을 꺾어 들고
밤새 기다려본 적 없는 나는
절대로, 지금 곁의 여자에게
입 꾹 다물 뿐이다

핏발 선 달의 둘레가

어디를 할퀼지
모를 일이므로

포옹

별, 달 아래
나무가 흰 꽃 피웠다면
배경이 분홍인 건 당연하다

남자는 여자의 겨드랑이를 당기고
여자는 남자의 엉덩이를 당겼다면
꽃피우지 않고 버틸
늙은 나무 있겠는가

분홍에 주위가 으깨어져도
분수 아래서
물대포가 쏟아낸
유치한 말은 좀 참자

멈춘 채, 그냥 이대로

꽃치마 감옥

쇄골 깊은 여자를 보면
사타구니가 궁금해져

꽃무늬 풍등치마 그녀 몸에
후다닥 갇히고 싶지

겨울 짚가리 포근함에 숨는 법은
열한 살에 배웠고
쉰에 이른 지금에도
저 통치마 안에 숨어 들어가
기름 솜방망이 불 댕기고 싶지

그녀 얼마만치 떠오를까

난 늘 궁금해

둥근 경계

모서리가
이유 없이 싫어
둥근 섬에 올랐다

섬은 분청의 막사발

만월의 오줌을 가두느라
하복부 팽팽하다

달과 지구와 그릇의 살갗
다 둥근 경계여서

아무 곳에나 오줌 못 누는
시인의 눈

흐릿할밖에

묵언수행

한 남자는
팔에 매달린 분홍 여자를 데리고
물구나무선 남자에게 간다

조용히 넘겨주고
막막하게 뒤돌아서는
등은 가볍다

유난히 커다란 초승달이거나
갓 부화한 반딧불이들 속에서는
가능한 일이다

한 발 물러선 이쯤에서
남자의 심사는

더 묻지 말 일이다

봄의 꼬리

늘어진
수양매화를
상처 없이 발톱으로
당겨 내리는
꿈속 호랑이
꼬리는
어느새 빳빳하다

봄은, 분홍 속옷

엿보는
새의 부리도
젖어있다

분홍침묵

머지않아
꽃신 신고 걸어올 봄을
먼저 입에 문 파랑새는
벙어리 냉가슴

앓는다

"언제까지 너 분홍일래
 좀 짙어지면 안 되는 거야"

머릿속의 생각
새가 꼼지락 발가락으로
정수리에 쓰자

알아들은 소녀는
감춰둔 부끄러움
발등까지 가볍다

궁금한

등 뒤의 국화 몰래
앞가슴 드러낸 소녀
노란 머리채 끄집어 뜯는
열애 중

등 뒤의 국화 몰래
덩달아 달아오른 몸엔
구름이 둥둥

양 볼은 물론 입술이며
눈동자까지 붉다

잘 익은 산수유 열매를
만지작거리듯
손의 위치는
아쉽게 잘라먹은
그림의 하단

여름사랑

잎의 연서戀書를
바람인 그대가 다 읽으면
배경인 하늘은
진초록이 된다

우리가 사랑하면
나무의 몸통은 붉어지고
늘어진 가지가
삼킨 달빛 토하느라
오소소 떨리는 흰 이파리들

에헤라 둥둥
가무歌舞가 저절로
흥겹다

탓에

집을 봄이
둘러싼 탓에
마른 가지에도
피우는 꽃

등을 보이면 등에 올라타고
앞을 보이면 가슴에 올라탄다

어쩔 수가 없다

온 천지가 간지럼인 탓에
사랑하지 않을 이유

우리에겐 없다

풍선나무

만삭의 여인
나무의 능선 위로 내려와
하늘과 경계를 이룬다

룰루랄라
흰 구름 한 송이 떠가고
지상의 나무들은
부풀어 오른다

아이의 꿈과 희망이
싱그럽듯이
저 둥근 경계에 나 또한
무심코 이끌린다

그런 이 지상은
슬프지만은 않아서
좀 더 오래도록

머물고 싶다

둥근 고요

숨찬 구름의 발목 겨냥하던 활시위
청동검靑銅劍 휘두르던
날 선 함성도
없다. 밋밋한 족적足跡 아쉬워 찾아간
고분군古墳群에는
시신의 뼈들 곰삭아 흔적 없다
격투로 이마에 혹뿔 솟은
아이들 몇과 발정 난 개들
음지 말리고는 미끄러지듯
마을로 내려가고 있다

능陵 위를 날아 구름에 드는
나비는
좀 더 유연해졌다

금산사金山寺 산사나무

쉿! 산사나무가
공중부양 중이다

아랫도리 다 비우라고
설법하시는 중이다

저러다 일내고야 말지

대적광전大寂光殿 옆
비워둔 석연대에

슬그머니
올라앉는 거 아녀?

4

바람의 붓질

멀쩡한 나를 건드리는 바람이 있어
그나마 참 다행인 봄날입니다

어떤 이유가 없어도 어둡고 습진 그늘을 찾아
꽃은 온 천지에 등불을 걸더군요

궁금한 고향의 그런 봄날이
잃었던 꿈을 다시 꾸게 합니다

손꽃

꽃이 머물다 떠난 자리
가려움이 남았다

그래도 다행인 것은
촛불도 횃불도 들 수 있는
손이 있다는 것

촛농을 받아먹고
무럭무럭 자란 이무기는
꽃 진 자리 웅크리고 앉았다

어느 날엔가 손을
깨물려 들 것이다

바닥을 긁는 손
핏물 낭자하도록

눈사람

챙 넓은 모자 씌워주지 않아도
측백나무를 배경에 두어서
이마가 눈부신 사람

세상 근심은
둥근 몸 안에 가둔 탓에
둘둘 말은 솜이불 둘러쓰고
언제든 굴러갈 두 개의 몸
늦은 밤 뜻밖의 전화 걸려 와도
얼굴 찌푸리지 않는 사람

아래와 위가 염주처럼 꿰인 사람

그대 숯검정이 같은 갈망에
눈썹 하나 더 그려 넣을 때
마음 빗장 조금은 열렸을 것

나는 지금 행복하다며
미끄러운 비탈의 길가에 서서
측백나무의 뿌리에게

녹을 날 기다려 몰래몰래 건네는

물 한 모금

분주원 간다

근대사도 판다는 골동품 경매장 분주원
그곳을 쥐방구리 되어 드나든다

절망도 분노도 자글자글 손때로 내려 앉혀둔
오래된 그늘 먼지의 냄새 위로
말랑하게 다스리던 성욕도 지나갔고
이젠 더러운 물욕만 남았다

없는 것 없이 다 판다는 길 건너 분주원
뒹굴다 찢기는 낙엽들 안중에도 없이
길의 노란 중앙분리선을 넘는다

허기진 어제를 소유하겠다고
일구던 화전 옛집 곳간 기억들이 모여 있다기에
만나러 간다, 캄캄한 양식 담아두던 옹기의 바닥
손 뻗어 더듬다가 만져진 갱엿
겨울 막바지 참 끈끈한 햇살이다

감춰두었던 허탈이라는 양식에 닿은 손끝
허무를 아는 몸의 일부는 무디어졌고

그러니 하릴없이 분주원 드나들기 시작하면서
쥐방구리 유혹의 단맛에 길들여졌다

시공을 건너와 간택 기다리는 물건들
옛 주인들 애지중지 문지르다 저절로 거뭇해졌다는
한때 분주했던 너의 출입문 벌리고 들어가
빛바랜 쓴맛의 과수댁 분첩 하나
쓸데없이 보쌈해 온다

고독한

양손에
홍시 하나씩 쥐고
배불러 씩씩 숨 몰아쉴 때까지
먹는다

컴컴한 어둠 속에서
번갈아 파먹는다

누가 보면 어쩌나
이 장면

시비詩碑

시를 어디에 새길까

빗물 닿으면 지워질 시를
하늘에 열어두기까지
몸 안의 열이 빠져나간 자리
첫걸음 아가 발바닥같이 내리는
함박눈의 보행을
맨살로 보듬어 안던 너를
정수리 맑은 너럭바위에 새긴다
발가락으로 쓴 내 시
우울의 턱수염을 포갤
비의 하느님을 불러
이유 없이 풍화하는 서글픔을
괜찮아, 괜찮다며
조곤조곤 들려주고 싶다

소행성 B612 그 이후

대장이던 당신이 더 높은 대장에게 불려가
야단맞는 소리가 사과나무를 기어오른다

신에게도 등급이 있다는 걸 안 우리는
그 등급이 같은 서로를 만나서
한 알의 애꿎은 사과가 되어
마주 보며 익어간다

사과나무가 사과를 매단 것을 두고
수영 규원 춘수는 차례대로 자신 탓이라고 티격태격
하여 사과나무는 흔들린다

도마에 칼을 두고 곰곰 생각에 잠기던 나는
사과가 나무가 아닌 걸 알았다
반으로 쪼갠 나무의 그늘을 별것 아니게 쪼개어버린
내게
저 나무는 이제 사과를 모른다

썩어 나무 속으로 들어가 혼자 사과가 되는 내가
뜨거워진 껍질의 사과 둥근 문밖에서

새 대기번호표를 뽑아 든 별이 되어
불릴 이름을 기다리고 있다

시가를 피우는 시간

산 능선을 등진 노을이 어디까지 넘어간 건지
궁금한 생각을 버리려고
시가를 피워 문다

연기 속으로 떠나는 여행을 두고 옛 애인 주금이 생각에 잠긴다고
삐친 눈 훌쩍거리는 나의 애인 호수
겨우 달랜 건 백만 원 주겠다는 말
내일 줄게요. 내일이 되어서 나는 너에게
초록 나무에서 온몸으로 노래 부르는
작곡가 매미에게 부탁해 녹음된 노래를
호수 애인에게 보낸다

카드가 없는 내겐 은행나무가 금고문을 열지 않네

더는 내어줄 게 없는 난, 이게 백만 원짜리 시니까
녹음기를 돌리면 노래는 반복되니까
해가 산을 넘어갔다고 슬퍼하지 않으려고
또 하나의 불을 당겨 문다

>
잎 한 다발인 백만 원으로 호수의 마음을 살 수 있다는 것
참 신기한 일이어서 나는
바람 불면 파르르 흔들리다 팔려나갈
흰 물결 종이 위에 모락모락
연기 누런 시를 쓴다

수상가옥을 허물다

제대로 비우려고 8년간 정든 수상가옥을 철거했다
시도 시지만 술 먹고 언쟁도 하고
시 공부하러 온 가슴만 납작해서 어여쁜 여 제자 앞에서
시 가슴 부풀어 오를까 두근대기도 했다
여름내 이끼 자라던 화장실은 겨울이면 매번 얼어 터졌고
그래도 문밖 기와지붕 바라보며 연탄난로 피워 대하를 굽기도 했다
하나둘 주워 모은 살림살이들 어디론가 치울 데가 없어 철거용역을 부르니
상책은 바라시라 한다
바라시가 뭔고? 하니, 빠루나 해머 같은 연장으로 산산이 부수는 것
팔 년도 별거 아니더군! 책장 여남은 개와 책상 탁자 따위
순식간에 무너져 트럭 짐칸에 실리더군!
그깟 한 살림 망치는 일이 한순간이더라는 큰 깨달음이 있었고
더불어 나는 비운다는, 그냥 흔한 말이 아닌
비움의 실체를 이참에 제대로 만난 것

서랍도 냉장고 칸칸도 비워놓으니 덩그러니 남은 최초의 공간
　그 텅 빈 공간 속에서 속어처럼 바라시 되는 내가 있다
　배고픔조차 잊은 짐승이 그랬을 것이라며 멀뚱히 뜬 눈
　내일은 내일을 걱정할 필요가 없으니
　내일을 위한 모든 보험 또한 해지하려 한다
　물 위에서 한동안 설렁설렁 살았으니
　세찬 바람 부는 갑질의 골짜기인들
　못 살아낼 일 뭐 있을까

여름감기

암 병동에서
젊은 나이 어머니를
저세상 떠나보내고도 울지 않던 내가
뒤늦게 혼자 울먹인다

억수장마 오려는가 보다

작두에 잘린 엄지의 끝
팔딱 뛰어 날아간 하늘에서
떼 지어 청개구리 내려온다

디딜방앗간 지붕 위로 까치가 날아간 다음
아파 드러누운 눕는 나
따뜻하던 어머니의 손바닥이
내 배를 쓸고 간다

까맣게 몰려온 먹구름에
대추나무 기침꽃 핀다

동행

물안개가 와락 밀려와서
수음하는 바람의 손가락
뭉게뭉게 아카시아 꽃들 솟구친다
그래! 어쩌겠어
붉은 피가 나올 때까지
순교의 피라도 흘리려는 거야
개구리가 무논 안쪽에 슬어놓은 알들
까맣게 박힌 눈알 위로 흰 꽃은 지고
머지않아 이 땅엔
옛 시인 상화가 애타게 부르던
마돈나의 침실에도
울음은 흰 얼룩으로
남을 테니

진달래

더는 부끄럼 없이 어여쁜 꽃잎일 때
나 너를 따먹을 거야

활짝 핀 거 맞니?

꽃의 안쪽 더듬다가
손끝에 물컹하게 닿는 윗집 아저씨

처음인 갈래머리에 고무줄로 묶어준 건
일몰에 이문 노을의 손이었구나

찔끔 흘리는 너의 꽃물에
내 발등도, 서쪽의 집 너의 울타리도

서러운 분홍이다

풍장

굵던 몸통
비바람에 꺾인 나무
넘어져서도
함부로 나이테는
보여주지 않더라

살아서 휘젓던 하늘이
데려갈 하늘인 걸 알아

앓는 소리로 떼어낸 살점
누워 꾹꾹 참아내며
애벌레들에게
날개를 달아주더라

전도 傳道

나를 데려간 너에게
미안할까 봐

네가 날 애타게 찾을 때
나 너의 성소였다

꿈속에서도
만져지는 물은
신비했어야 했다

네가 나의 성소였다

가창 아이러니

새들에게 웃음을 보여준 적 있다
그 어떤 새도 따라 웃지 않았다
울음을 들려줄 때
일제히 따라 우는 새들
그러나 사람들은 달랐다
집칸도 없이 간신히 목에 풀칠하고 산다고
밥 사달라 할까 봐, 불러도 돌아보지 않더니
산간벽지 화전민 강원도 아버지에게
상속받은 땅, 스키장 골프장 들어서서
백억쯤 보상을 받아서
공기 좋고 경치 좋아 여기 산다고 소문내니
너도나도 걸어오는 전화안부
아침저녁 밥 같이 먹자 하더라

아프거나 고플 때 함께 울어주는
가창의 새들 곁에 두고 사니
여기가 천국이다

해설

서정적 심상의 전이와 확산
― 박윤배의 시세계

이태수

해설
서정적 심상의 전이와 확산
— 박윤배의 시 세계

이 태 수 | 시인

ⅰ) 박윤배의 시는 자의식自意識에 언어들이 입체적으로 포개지고, 그 이미지들이 다른 방향으로 전이轉移되거나 변용變容되는 비구상회화를 방불케 하는 경우가 적지 않다. 언어가 언어를 부르고, 의식이 의식을 부르는 연상聯想과 분방한 상상력이 빚는 그 꿈의 공간에는 이따금 잠재의식이나 무의식까지 끼어든다. 이 때문에 현실 너머의 세계가 연출되고, 비애로 얼룩진 파토스의 무늬와 결들이 다채로운 빛깔로 번지며 확산된다.

시인은 현실과 그 너머의 세계를 끊임없이 넘나든다. 비관悲觀에서 자유롭지 못한 현실에 놓여 있으면서도 그 현실을 초월하려는 갈망들이 따스한 기억의 반추와 그 회복을 향한 처연한 꿈에 연결고리를 다는 양상을 띠는가 하면, '체념諦念 너머의 체념'으로 음각된 모습으로도 떠오른다. 때로는 자기비하와 완만한 역설적 자기성찰을 통해 그 반전을 모색하며, 잃어버린 시간으로 거슬러 오르며 미지未知의 공간에 새로운 꿈을 불러 모은다.

이 같은 현실초월에의 목마른 꿈들은 가장 가까운 사이인 '너'와 '나'의 관계에서 빚어지는 갈등과 정한情恨, 끝내 하나로 아우러지지 않는 아픔을 동반한다. 또한 그로 인해 야기되는 좌절과 절망감을 떨쳐내기에 안간힘을 보이기도 한다.

이성보다 감성에 기운 듯한 서정시의 외양에 긴장감이 감도는 그의 시편들은 대상(세계)을 재현하는 차원과는 전혀 다르게 관념觀念(이데아)의 세계를 선과 색채로 형상화하는 추상화를 연상케 하는 건 언어나 이미지의 전이와 변용, 반전과 비약으로 기존질서 너머의 '존재의 집'들을 지향하고 추구하기 때문으로 보인다.

그의 대부분의 시가 거의 예외 없이 쉽게 읽히지 않으면서도 신선한 느낌으로 다가오는 까닭은 비유(은유)와 상징에다 초현실주의 기법까지 끌어들여지고, 특유의 섬세하고 첨예한 감성과 발랄하고 분방한 언어감각, 자유로운 상상력을 포개어 놓기 때문일 것이다.

그의 시가 거느리는 의미망을 따라가다 보면 난감하고 난처해질 때도 적지 않다. 사물의 명명이 다른 사물에 전용되는 명명으로 전이되고, 그 전이에 의해 의미가 바뀌고 확산되는 '의미의 변질작용'이 빈발頻發하는 데다 원관념과 보조관념 사이의 유추類推의 거리가 먼 경우도 허다하기 때문이다.

그러나 이 같은 그의 은유들은 어디까지나 그 의미망

들이 무리 없는 질서 속에 놓여 있다. 나아가 이미지가 관념을 암시적으로만 환기喚起하는 상징기법의 구사로 드러냄과 감춤의 양면성을 보여주더라도 찬찬히 들여다보면 의미망이 일정한 질서 속에 자리매김해 있다. 그런가 하면 대상이 환치換置되거나 시공時空의 거리가 배제되는 가운데 언어와 이미지들이 전도顚倒되거나 무화無化되는 경우마저 없지 않다.

이같이 그의 시는 극단적인 경우 언어와 이미지의 비약이나 반전으로 야기되는 의미의 무화가 다시 새로운 의미로 변용되는 변신과 초월의 시학을 지향하는 초현실주의에 접맥돼 있다. 이 때문에 의미망을 풀어내기 어려우면서도 상대적으로 복합적인 표현의 묘미를 안겨줄 뿐 아니라 즉흥적인 발상과 서정적 자아의 분방한 열림이 그런 매력을 받쳐주고 있는 것으로도 읽게 한다.

ii) 박윤배의 시는 언제나 현실에 뿌리를 두고 있다. 하지만 바라보는 쪽은 대체로 비현실적인 꿈의 세계이며, 과거(추억) 또는 미지의 공간이다. 때로는 이질적異質的인 이미지들이 충돌하거나 파격적으로 결합되면서 새로운 이미지를 빚는가 하면, 환상의 세계로 비약하는 입체성을 거느린다. 이 같은 기법의 구사는 현실에 대한 비애나 아픔을 넘어서기 위한 방법론이나 현실 초월의 통로를 찾기 위한 모색의 일환으로 끌어들여지고 있다.

시인이 체험하거나 마주치는 현실은 "유리에 이마 찧던 날벌레는 / 한꺼번에 각진 창 아래 모여서 등 포개고 죽"

(「각시붓꽃의 자리」)거나 바람이 엄청 불고, 그 와중에 안간힘으로 버티는 군상群像들 속에서 '너'와 '나'가 짝을 이룬 공동운명체의 관계이면서도 비애를 비켜서지 못하는 정황情況으로 부각된다.

간밤 바람 엄청 불었고
아침 테라스 간이의자들

저희들끼리
한곳에 몰려
서로가 서로를 붙잡아주는 모습

개중 그대와 나는
테이블과 의자의 관계로
바람 부는 밤을 건넜다는 사실

놀랍지도 않은
본래인 것 같은
운명 같은
　　―「관계」전문

시인은 자신이 사는 집의 테라스라는 축소된 공간을 통해 현실을 직시한다. 아침에 일어나 바라보는 현실은 바람 엄청 불던 간밤의 테라스로 압축되며, 한곳에 떠밀려 있는 간이의자들에 애틋한 마음을 끼얹는 정황으로 진전된다. 하지만 시인은 실제 상황과 다르게 간이의자들이 바람에 휩쓸려 한곳에 떠밀려 있는 게 아니라 서로 의지

하는 모습으로 바꿔 바라본다. 그 시간에 다른 공간에 있었던 '그대'와 '나'는 테이블과 의자의 관계로 비유되면서 그 현실을 감내했다는 안도감에 젖게 되고, '그대'와 '나'는 너무나 당연하리만큼 그런 관계라는 사실도 환기한다.

　그러나 그 관계가 과연 돈독하기만 할까. 그렇지 않은 것 같다. 시인이 자서自序에 "사는 일은 뜻하지 않게, 우연 혹은 필연적으로 의미가 되는 사건들이 찾아와 너와 나의 혹은 우리라는 관계가 생겨난다. 뜻하지 않는 결별도 겪는다."라고 쓰고 있듯이, 오로지 그대로 남는 건 "따뜻한 기억이며 사랑"이라고도 적고 있듯이, 살면서 뜻하지 않는 '의미'들이 야기하는 관계 탓으로 갈등과 아픔에 직면해야 하며, 결별과 사랑의 상실에 아파해야 하는 '이지러진 관계'를 벗어나기 어렵게 된다. 더구나 '너'와 '나'의 관계는 오랜 갈등 끝에 완전히 반대방향으로 헤어지는 비극을 맞고, 그 '슬픈 사랑'은 긴 그리움의 여운을 거느리면서도 회복이 불가능한 채 정한을 안겨 주기도 한다.

　　　둘이 오래 앓으며
　　　함께 살다 하늘로 간 사람과
　　　땅으로 간 사람이
　　　서로 만날 수 없어
　　　그리워하다
　　　눈빛 부딪친 곳에서 난다, 반딧불이
　　　<중략>
　　　달아나듯 떠나는 몸짓
　　　공기를 헤집고

공기 속으로 가서
　　후미등을 켠 채
　　너울너울 사라지는
　　슬픈 사랑아
　　　　―「반딧불이」부분

　이 시에서 화자話者는 가까이 오래 살았던 두 사람의 비련을 자신에게 끌어당겨 그린다. 두 사람은 오래 앓으며 함께 살았으나 하늘과 땅으로 다시 만날 수도 없이 헤어지게 된 뒤 '내'(화자)가 '너'를 그리워하는 '어둠'(절망) 속에서 달아나는 '반딧불이'를 '너'로 환치해 바라보기에 이른다. 그 비애와 안타까움이 오죽하면 '어둠'(나)에게도 '불빛'이 필요하므로 "후미등을 켠 채/ 너울너울 사라"진다고 끌어당겨 노래하겠는가. 그야말로 애달픈 사랑노래다. 이 같은 심경心境은 "나무가 휘도록 바람 불었다"로 시작되는 시에서도 마찬가지다.

　　멀리 달아난 사랑아
　　돌아오라고
　　화가는 끊임없이 노랑의 언어를
　　가을 내내 편지로 날려보냈다

　　뭉클한 가슴은 휘어진 나무가
　　눈보라의 겨울 견딜
　　오기의 수액을 뿌리에 장전한다
　　　　―「화가의 연애시」부분

화자가 "노랑의 언어"로 가을 내내 편지를 보낼 정도이며, 한겨울을 대비해 "오기의 수액을 뿌리에 장전"할 만큼이나 잃어버린 사랑이 절실하다. 게다가 "초록갑옷 뚫어낼/ 화살촉 닮은 꽃은 언제나/ 바람 오는 쪽부터 귀가 찢긴다"는 결기가 역설적으로 받치고 있기까지 하다. 시인은 급기야 "너는 나로부터 자유로워져야 하고/ 나는 눈곱만큼도 그리워하지 않을 거니까 // 안녕 잘 가,라는 인사는/ 되도록 해맑게 웃으며 해야겠지"(「아름다운 거짓말」)라는 역설을 하기도 하며,

> 흐르는 물이거나 고인 물에게
> 던진 꽃은, 잠시의 아픔
> 나비와 새와 구름이 밟고 건너가고
> 소를 모는 사람이 또 건너간다
>
> 다 건네주고 나면
> 다리마저 건너간다
> ―「물꽃 1」 부분

고 애써 초연하려고도 한다. 여기서는 물과 꽃이 인격체로 격상(활유活喩)돼 있으며, '물 위의 꽃'(물꽃)은 나비와 새와 구름은 물론 소를 모는 사람까지 밟고 건너는 '다리'가 되고 있다. 은유와 상징, 초현실주의의 기법들이 어우러져 있기도 해 입체적인 시적 묘미가 증폭돼 있는 시의 한 예다. 이 같은 기법은 강약의 정도 차이는 있으나 거의 모든 시에 관류한다고 해도 틀린 말은 아닐 것이다.

iii) 그는 일상인으로 살면서 이랑겨 오는 파토스들을 진솔하게 내비치면서도 그 외양의 장치는 현란할 정도로 수사의 옷을 입혀 놓기도 한다. 스스로를 "무료한 물살"(「야 이 새끼야」)이라고 비하하거나 "구멍이 구멍 난 상에 둘러앉아 / 구멍밥을 먹"(「저녁의 혼밥」)던 궁핍 속에서도 따뜻한 기억으로 남아 있는 옛날을 회상하며 혼자 밥을 먹다가 "구멍만 남아 구멍을 생각하며 / 훌쩍훌쩍 울다가 // 펑펑 운다, 눈구멍 헐겁도록"(같은 시)이라는 외로움을 솔직하게 토로한다.

'더도 말고 덜도 말고 한가위만 같아라.'라는 말이 회자膾炙되듯, 연중 가장 풍요로운 한때인 한가윗날에도 홀로 "울퉁불퉁 양은냄비로 앉아서 / 저녁 라면을" 끓이며, "칼이 믿었던 달에게 썰려서 / 달이 무릎 꿇는 날까지 기억될 / 쉰여섯 살 한가위 식탁"(「달요리」)이라고 '양은냄비'와 '나', '칼'과 '달'이 전도되는 장면을 제시하면서 삶의 비애를 곡진하게 떠올려 놓는다. 이 같은 파토스는

    근래 내가
    가장 슬펐던 일은
    슬퍼도 꿈쩍 않는 슬픔을
    들여다본 일
    애인의 물기 마른 음모였던 것
    보이지 않는 몇 개의
    본 적 없던 몇 개의
    퍼석함을 뽑아낸다 해도 그 자리 솟구칠

>   파르테논 신전
>   대리석 기둥 같은
>
>   오늘 같은
>   흰털
>   -「적요 1」전문

이라고 묘사되면서 그 절정에 다다르고 있는 느낌이다. 더구나 이 시는 데페이즈망 기법처럼 이질적이고 불연속적인 이미지들을 결합시키고, 그 비약을 통해 비애의 감정을 극대화해 보인다. 말장난같이 가장 슬픈 게 슬퍼도 미동조차 없는 슬픔을 들여다본 일이라고 하지만, 여기에는 기실 지독한 역설이 자리매김해 있다고 봐야 한다. 이 역설은 슬픔의 무화를 통한 슬픔의 극대화에 다름 아니기 때문이다.

뿐 아니라 이 시는 길지 않는 문맥 속에 불연속적인 이미지와 연상이 꼬리에 꼬리를 물듯 어우러지면서 낯선 세계로 전이돼 새로운 창조적 이미지를 길어 올린 경우라 할 수 있다. 그 '극대화된 슬픔'은 '애인의 물기 마른 음모→보이지 않고 본 적 없는 몇 개의 퍼석한 털→그 털을 뽑아내면 솟구칠 폐신전의 대리석 기둥→그 오늘 같은 흰 털'로 이어지고 비약되면서 '적요寂寥'의 민얼굴을 부각하고 있다. 다시 말해 시인의 가장 슬픈 일은 '쓸쓸하고 고요함'이라는 메시지다.

표제시는 사람을 그리워하고 외로워하는 삶의 비애를 더욱 구체적으로 드러낸다. 시인이 작은 텃새인 오목눈이와 그의 집, 그 신드롬에 각별한 관심을 기울이는 건 자신의 처지와 무관하지 않기 때문일 것이다. 실제로도 오목눈이를 통해 자신을 들여다보고, 자신의 감정을 오목눈이에게 이입하고 투사하는 것으로 읽힌다.

> 날이 가물자, 지붕 배수구 물받이에 새가 짓는 집
> 여기저기 지푸라기 물어다가 울긋불긋
> 꽃 울타리도 만든다
>
> 폭우라도 내리면 저 집을 어쩌나!
>
> 그러나 사는 동안 구렁이 혓바닥 같은 비는 오지 않았고
> 부화 된 새끼들은 날개 자라 훌훌 떠났다
>
> 빈집, 부서질 햇살만 껴안았다
>
> 혼자 남아 치밀어 올리는 울화통에
> 수시로 처마 끝에 나와 앉은 새
> 기른 정 꾹꾹 눌러 참으며 먼 하늘을 본다
> 그래도 참아준 비와 한동안 살 곳을 빌려준
> 배수구가 고맙다
>
> 이제야 막힘의 안쪽이 시원하게 씻기도록
> 집을 버린 오목눈이 오목한 눈
>
> 내가 너의 눈을 닮아가니
> 너도 내 눈을 닮아갔다
> ―「오목눈이집증후군」 전문

오목눈이는 날이 저물자 사람과 가까이 살기 위해 처마에, 그것도 큰비가 오면 위태로울 지붕 배수구 물받이에다 둥지를 짓는다. 알과 새끼를 천적으로부터 보호하고 한적한 곳이 싫기 때문에 모험도 감수하려는 속셈에서였는지도 모른다. 더구나 그 위태로웠던 둥지는 비좁기 때문에 새끼들이 자라면 함께 살 수마저 없어 둥지 밖에서 키우다가 떠나보내야 한다.

시인도 이제 그런 빈집에서 형체도 없는 햇살이나 껴안으며 안도하기도 하고 울화가 치밀 때도 없지 않지만, 지난날에 대한 그리움과 정한들을 눌러 앉히며 겸허하게 감사하기도 한다. 게다가 오목눈이가 그렇듯이 그 집을 떠나 오목한 눈을 뜨고 있는 지금 시점에서 그 상호동질성을 신드롬으로 들여다보고 있다. 눈물겨운 자기성찰이 아닐 수 없다.

시인으로서의 삶은 일상인으로서보다 더욱 처절하다. 시를 쓰면서 사는 자신을 "집은 불타고 / 꾸역꾸역 사는 일은 모멸이어서 / 수치를 씹고 또 씹어 / 흰 꽃을 피"(「시인」)운다고 자학自虐하는가 하면, 「시비詩碑」에서 토로하듯이 "빗물이 닿으면 지워질 시를 / 하늘에 열어두"며 "시를 어디에 새길까"를 고민하다가 "발가락으로 쓴 내 시 / 우울의 턱수염을 포갤 / 비의 하느님을 불러 / 이유 없이 풍화하는 서글픔을 / 괜찮아, 괜찮다며 / 조곤조곤 들려주고 싶다"는 자기희화화戲畵化로 발길을 옮기기도 한다. 이 같은 처절함은 시인으로서의 소명의식이 그만큼 치열하고 그 열망도 뜨겁다는 역설적 방증傍證이라고 봐야 할 것이다.

서사구조의 다소 긴 시 「새의 지붕에 시의 깃발을 걸다」도 같은 맥락에 놓이는 시로 그 강도가 더 높다. 시인은 새를 '공중을 흔들다 낡아진 깃발'로 바라보며 그 새가 유리창에 부딪쳐 크게 다치는 장면을 목도한다. 또 이웃 식당 지붕 위로 날아가 죽어 '손바닥만 한 얼룩'으로 남은 것도 보게 되며, 며칠 뒤 그 흔적마저 다 지워진 걸 보고 연민과 비탄悲歎에 젖으면서 그 '공중을 흔드는 깃발(새의 소멸)'에다 본인의 '시의 깃발'을 포개어 바라보고 있다.

> 새의 장례를 거든 것은 햇살과 바람과 비였고
> 까마득히 높은 어디쯤 있을 새의 지붕에
> 돌아오라고 울부짖는 세 번의 곡성에 불과한 내 시는
> 당신의 기억 속 얼마나 오래
> 깃발로 남아 펄럭일까
> ―「새의 지붕에 시의 깃발을 걸다」 부분

자신의 시가 산화해버린 새의 지붕을 향해 돌아오라고 보내는 세 번의 곡성哭聲에 불과하다는 자괴감自愧感은 그 반대의 상황을 향한 열망에 다름 아닐 것이다.

iv) 박윤배의 봄과 꽃을 주제로 한 시는 다분히 즉흥적이고 즉물적이다. 경쾌하고 발랄하며 원초적인 감각이 두드러지는가 하면, 분홍빛과 붉은빛이 주조를 이루면서 선정적煽情的이고 관능적官能的인 분위기가 고조돼 있기도

하다. 서사구조로 유장한 흐름을 보여 주는 시편들과는 달리 문체가 간결하고 묘사에 기울어져 있으며, 잃어버린 꿈을 불러일으키는 생동감이 넘쳐난다. 시인의 감각이 밝게 열릴 때의 또 다른 면모를 유감없이 보여 주는 경우라 할 수 있다.

> 머지않아
> 꽃신 신고 걸어올 봄을
> 먼저 입에 문 파랑새는
> 벙어리 냉가슴
>
> 앓는다
>
> "언제까지 너 분홍일래
> 좀 짙어지면 안 되는 거야"
>
> 머릿속의 생각
> 새가 꼼지락 발가락으로
> 정수리에 쓰자
>
> 알아들은 소녀는
> 감춰둔 부끄러움
> 발등까지 가볍다
> ―「분홍침묵」 전문

봄이 오는 기미와 그 모습을 아름답게 묘사한 시다. 봄이 꽃신을 신고 온다든지, 그 오는 봄을 파랑새가 먼저 입에 물고 벙어리 냉가슴을 앓는다는 묘사는 참신하다. 새가 '꼼지락 발가락'으로 소녀의 정수리에 분홍보다 더 짙어지라는 표현과 그 메시지에 소녀의 발등까지 가벼워진다는 표현은 그야말로 점입가경漸入佳境이다. 토씨와 술어 생략, 파격적인 연 갈이 등으로 긴장감을 돋우고 그 완급을 적절하게 구사하는 점 역시 돋보인다.

이 같은 묘사의 묘미는 「바람의 붓질」에서 봄꽃이 무조건 어둡고 습진 그늘을 찾아 온 천지에 등불을 걸어 잃었던 꿈을 다시 꾸게 한다든가

> 봄은, 분홍 속옷
>
> 엿보는
> 새의 부리도
> 젖어 있다
> ―「봄의 꼬리」부분

는 표현은 극히 부분적인 예에 지나지 않는다. 이와는 대조적으로 황혼 무렵의 진달래를 향해서는 "찔끔 흘리는 너의 꽃물에 / 내 발등도, 서쪽의 집 너의 울타리도 // 서러운 분홍"(「진달래」)이라고 그리고 있으며, 생명력의 절정인 꽃이 "등을 보이면 등에 올라타고 / 앞을 보이면 가슴에 올라탄다"(「탓에」)고 한다.

또한 같은 시에서 온 천지가 '간지럼'이므로 사랑하지 않을 수 없다는 데 그치지 않고, 꽃을 여자에 비유해 "쇄골 깊은 여자를 보면 / 사타구니가 궁금해져 // 꽃무늬 풍

등치마 그녀 몸에 / 후다닥 갇히고 싶지"(「꽃치마 감옥」)
라고 거침없이 내닫기까지 한다. 관능적이고 선정적인 뉘
앙스는 양귀비꽃에 착안하면서도 매한가지다.

> 보드랍게 벌린 꽃잎
> 당唐 현종의 여자도 저리 붉었으므로
> 밤낮 위로가 되었을 것이다
>
> 단단히 아물어진 뒤
> 경계해야 할 좁쌀 가두어 오목한
> 솥의 안쪽은
> 함부로 벌리지 말았어야 했다
> ─「앵속罌粟」 부분

　양귀비꽃을 당나라 때의 양귀비와 겹쳐 바라보며, 그 자태를 감각적으로 짜릿하게 묘사한다. 꽃그림을 보고 쓴 듯한 「궁금한」도 같은 맥락의 시다. 산수유 열매를 등 뒤의 국화 몰래 앞가슴 드러낸 소녀로 비약해서 바라보며 "양 볼은 물론 입술이며 / 눈동자까지 붉다 // 잘 익은 산수유 열매를 / 만지작거리듯 / 손의 위치는 / 아쉽게 잘라먹은 / 그림의 하단"이라고 화폭에 없는 장면으로 상상을 유도하는 대목이 예사롭지 않다.

　v) 어쩔 수 없어서일까, 필연 때문일까. 시인은 지금 가장 많은 시간을 보내고 있는 삶의 현장인 현실 속으로 돌아와 자신과 주위를 돌아본다. 지난날을 회상하거나 그

무상無常에 마음 주기보다는 주위를 돌아보면서도 자기성찰을 하고, 앞으로 나아갈 길을 바라보는 여유를 찾는다. 「묵언수행」에서처럼 "팔에 매달린 분홍 여자를 / 물구나무선 남자에게" 넘겨주고 뒤돌아섰는데도 등이 가벼워지고 "더 이상 묻지 말 일"이라고 마음 다지며 물러서는 '묵언수행默言修行'의 길에 들어선다.

> 집칸도 없이 간신히 목에 풀칠하고 산다고
> 밥 사달라 할까 봐, 불러도 돌아보지 않더니
> 산간벽지 화전민 강원도 아버지에게
> 상속받은 땅, 스키장 골프장 들어서서
> 백억쯤 보상을 받아서
> 공기 좋고 경치 좋아 여기 산다고 소문내니
> 너도나도 걸어오는 전화안부
> 아침저녁 밥 같이 먹자 하더라
> ─「가창 아이러니」부분

는 세태에서도 관심을 내려놓으려 한다. 자연 속에서 편안해지고 자연과 더불어 "아프거나 고플 때 함께 울어주는 / 가창의 새들 곁에 두고 사니 / 여기가 천국"(같은 시)이라는 겸허한 자연인으로 새롭게 눈을 뜨면서 스스로 위무慰撫와 위안의 공간을 넓히려 한다.

시인이 머무는 건물 앞의 노란 중앙분리선 너머의 골동품경매장인 '분주원'도 그런 소요逍遙에 한몫을 한다.

> 감춰두었던 허탈이라는 양식에 닿은 손끝
> 허무를 아는 몸의 일부는 무디어졌고

그러니 하릴없이 분주원 드나들기 시작하면서
쥐방구리 유혹의 단맛에 길들여졌다

시공을 건너와 간택 기다리는 물건들
옛 주인들 애지중지 문지르다 저절로 거뭇해졌다는
한때 분주했던 너의 출입문 벌리고 들어가
빛바랜 쓴맛의 과수댁 분첩 하나
쓸데없이 보쌈해 온다
　　　　　　　　　　　　　－「분주원 간다」부분

　시인이 쥐방구리 되어 드나든다는 '분주원'은 허탈하지만 허무에도 다소 무디어져 하릴없이 드나드는 곳이기도 하다. 하지만 분주원은 그 하릴없음을 채워 주는 "쥐방구리 유혹의 단맛"과 하찮은 골동품을 사 오는 재미도 안겨 주기 때문일 것이다. 시인을 사실상 "양손에 / 홍시 하나씩 쥐고 / 배불리 씩씩 숨 몰아쉴 때까지 / 먹는다 / <중략> // 누가 보면 어쩌냐"(「고독한」) 우려할 지경으로 외롭다.
　아무튼, 내려놓고 비우고 지우는 이 마음자리에는 눈 내린 앞산의 '잉어등'을 바라보며 머물고 있는 가창嘉昌이 '천국'으로까지 과장되고, "몸 안에 박혀 곪은 가시들 / 수천의 뾰족함들 내려놓을 곳"(「흘러가다 보면 길이 있겠지」)으로 느껴지는 데다 "오랫동안 허공을 흐르고 흘러온 절대고수 두루미를 만나서 / 흐르는 물살을 눈감고도 내려다보는 경지"(같은 시)가 '체념 너머의 체념'으로 자리매김하게 됐기 때문인지도 모를 일이다. 물론 그렇게 "흘러가다 보면 길이 있겠지. 가뭇한 눈길로 바라본다."(같은 시)는 기대감도 작용하고 있기는 하겠지만.

    챙 넓은 모자 씌워주지 않아도
    측백나무를 배경에 두어서
    이마가 눈부신 사람

    세상 근심은
    둥근 몸 안에 가둔 탓에
    둘둘 말은 솜이불 둘러쓰고
    언제든 굴러갈 두 개의 몸
    늦은 밤 뜻밖의 전화 걸려 와도
    얼굴 찌푸리지 않는 사람

    아래와 위가 염주처럼 꿰인 사람

    그대 숯검정이 같은 갈망에
    눈썹 하나 더 그려 넣을 때
    마음 빗장 조금은 열렸을 것

    나는 지금 행복하다며
    미끄러운 비탈의 길가에 서서
    측백나무의 뿌리에게
    녹을 날 기다려 몰래몰래 건네는

    물 한 모금
                    -「눈사람」전문

시인의 감정이 오롯이 이입되고 투사돼 있는 듯한 이 시가 바로 자화상처럼 다가오는 까닭은 '왜'일까. 시인이 묘사하는 눈사람은 이마가 눈부시고 둥근 몸을 가진 염주 같으며 언제나 굴러갈 수 있고, 어떤 경우에도 얼굴 찌푸리지 않아 시인의 꿈과 같아 보여서일까.

게다가 숯검정이같이 갈망의 형해形骸만 남았지만 쉽사리 마음의 빗장을 풀고 위태로운 비탈길가에 서서도 불행하다고 생각하지 않으며 한동안 배경이 되어 주기도 할 뿐 아니라 자신이 돌아가야 할 늘푸른나무의 뿌리가 내려 있는 땅 속에 '물 한 모금' 베푸는 인격체같이 보여서일까. 아무래도 시인이 바라는 바의 인간상을 그리는 것같아 그럴 거라는 생각을 하지 않을 수 없다.

이 시에서 각별히 주목되는 대목은 '둥글음'의 이미지이며, 둥글음에 대한 생각이 마치 사방연속무늬처럼 퍼져 나가게 되는 까닭 또한 무엇 때문일까. 시인이 둥글음은 물론 그 경계마저도 둥글다고 인식하고 있어 더욱 그런 것 같고, 나아가 그런 지향을 하는 시인의 모습을 보고 싶기 때문인지도 모르겠다.

그의 시에는 "저 둥근 경계에 나 또한 / 무심코 이끌린다"(「풍선나무」)는 대목이 있고, "모서리가 / 이유 없이 싫어 / 둥근 섬에 올랐다 // 섬은 분청의 막사발"(「둥근 경계」)이라거나 "달과 지구와 그릇의 살갗 / 다 둥근 경계"(같은 시)라는 구절도 보인다. 시인이 궁극적으로 추구하는 이데아가 '둥글음'이라고 보면 틀릴 수도 있겠지만, 자꾸만 그렇게 느껴지는 까닭을 곰곰이 생각해보지 않을 수 없다.

> 숨찬 구름의 발목 겨냥하던 활시위
> 청동검靑銅劍 휘두르던
> 날 선 함성도
> 없다. 밋밋한 족적足跡 아쉬워 찾아간
> 고분군古墳群에는
> 시신의 뼈들 곰삭아 흔적 없다
> 격투로 이마에 혹뿔 솟은
> 아이들 몇과 발정 난 개들
> 음지 말리고는 미끄러지듯
> 마을로 내려가고 있다
>
> 능陵 위를 날아 구름에 드는
> 나비는
> 좀 더 유연해졌다
> ―「둥근 고요」 전문

　동적動的인 이미지가 정적靜的인 이미지로 회귀하는 모습을 둥글음의 시각으로 형상화하고 있는 이 시는 둥글음의 의미를 다각적으로 생각해보게 한다. 우리(인간)는 둥근 데(아기집)서 태어나 둥근 데(무덤)로 돌아가게 마련이다. 모든 생명체의 근원은 둥근 형상을 하고 있으며, 인간의 생명력도 둥근 것들(곡식 등)에 의해 유지될 뿐 아니라 정신적으로도 궁극적으로는 둥글음(완성, 성취)을 지향하게 된다. 이 때문에 둥글음은 이 세상 모든 것의 알파요 오메가라 할 수도 있을 것이다.

'고요'를 둥글게 관조하고 있는 이 시는 그런 뉘앙스들을 복합적으로 아우르고 있는 것으로 읽힌다. 둥근 형상들이 운집해 있는 고분군과 그 주인공들의 동적인 삶(생성)을 정적인 흔적(소멸)들과 교차해서 들여다보는 이 시는 그 지극히 적적한 곳에 아이들의 격투나 개들의 발정을 끌어들여 지극히 대조적인 장면들을 동시에 연출해 보인다. 그러나 아이들의 격투가 끝나고 개의 발정이 식듯이 결국 그 동적인 것들이 다시 정적인 데로의 회귀를 통해 '고요'(소멸)의 의미를 극대화하고 있는 경우에 다름 아닐 것이다.

시인은 이 시의 마지막 연에서 그 둥근 형상의 무덤 위에서 구름으로 날아가는 나비를 그 둥근 무덤 위를 날았기 때문에 유연해졌다고 보고 있다. 생성과 소멸을 아우르는 윤회輪廻도 둥글음 그 자체겠지만, 그럼에도 불구하고 둥글음의 추구는 거듭될수록 인간의 정신을 깊으면서도 높게 끌어올려 줄 것임은 자명해 보인다.

「둥근 고요」를 이 글의 말미에 인용해 본 건 시인이 지향하는바 '더 나은 삶에의 꿈'과 그 유연성 돋우기에 주어지는 것 같고, 여전히 치열하면서도 원숙한 경지에 다다른 모습을 보여 주기 때문이기도 하다. 박윤배의 시가 둥글게 거듭 진화하기를 기대해 마지않는다.

형상시인선 19 박윤배 시집
오목눈이집증후군

인쇄| 2018년 6월 4일
발행| 2018년 6월 7일

글쓴이| 박윤배
펴낸이| 장호병
펴낸곳| 북랜드
  06252 서울 강남구 강남대로 320 황화빌딩 1108호
  대표전화 (02) 732-4574 | (053) 252-9114
  팩시밀리 (02) 734-4574 | (053) 252-9334

등 록 일| 1999년 11월 11일
등록번호| 제13-615호
홈페이지| www.bookland.co.kr
이-메 일| bookland@hanmail.net

책임편집| 김인옥
교 열| 배성숙 전은경

ⓒ 박윤배, 2018, Printed in Korea
저자와의 협의하에 인지를 생략합니다.

ISBN 978-89-7787-791-7 03810
값 10,000 원

이 책은 2018 대구문화재단의 개인예술가창작지원으로 출간되었습니다.
후원 : 대구문화재단   문화체육관광부